なんにもない部屋の暮らしかた

シンプルに
生きる
7つの工夫

ゆるりまい
yururi mai

なんにもない家で
家族と楽しく暮らすために——

～ゆるり家のヒミツ～

「迷うなら大体それは不必要」
どうもゆるりです
汚家出身の私が物捨てたい病になり早10年
今では我が家になんにもありません
ガラーンと空いた棚を見ると興奮する
ゴミ
いつでもリビングやキッチンはすっきり
仮にコンタクトレンズを落としてもすぐに見つけられるほどなんにもないのが自慢です
~~殺風景~~
すっきり

本当にそれで生活できるんですか？
はっ！その声は…
編集担当I嬢プラス編集部の皆さま!!
バィーーンッ
メディアファクトリー
家族がいたらピリピリしそうだし
かわいい雑貨集めたい～
おっしゃる事はごもっともだがしかーしっっ
皆さんはなんにもないの魅力に気付いていないな――いっっ!!
なんにもない党 ゆるり
なんにもなければ掃除がラクになっていつも清潔
広々スペースで家族とゆったり過ごせるし
お気に入りの物を厳選しているから心も潤います
そして節約にもなってお金も貯まる!!
通帳
ちなみにこれをご覧ください
すっ
なんですか？

過去…汚家住み
汚家時代の私と現在の私の姿です
現在…なんにもない家住み
一体何があったんですか!?
家が変わったことで服装まで変化したのです
服装だけじゃありません
早寝早起き
簡単に財布は開かない!
ムダづかいしない
正しい姿勢
生活習慣から物に対する考え方まで色々と変化しました

つ…つまり家をきれいにしたら暮らしぶりも激変したんですね？
メディアファクトリー
そう真人間になりつつあるのです
この本ではなんにもない家での家族との暮らしぶりを中心に汚家と（黒歴史とも言える）ファッションの変遷まで色々と書きました
なんにもない部屋で生活する知恵と工夫そしてなんにもない部屋の魅力をど――んとお伝えします！
この続きは12ページから!!
メディアファク

はじめに

こんにちは、ゆるりまいです。
私は、物を捨てるのが大好きな「捨て変態」。
四六時中「どうしたらもっと物が減らせるか」
「どうしたらもっとシンプルにできるか」を考え続けて生きています。
家から物が減った時の快感が、三度の飯より好きなんです。
そんな私ですが、以前は汚家に住んでいました。
捨てられない・片付けられない家族と何度も衝突し、泣いて怒って呆れて諦めて……。

しかし東日本大震災を経験し、家を失い、家族全員力を振り絞って再建。
その中で私たち家族の意識は大きく変わっていきました。
そして今。我が家は少しずつ「なんにもない」状態になりました。

よく「物がなさすぎる生活で、家族は平気なの？」と聞かれることがあります。

もちろん、手放しで「平気だよ！」と答えることはできません。

ルールを決めたり、相手を思いやったりしながら、少しずつ家族みんなにとって居心地のいい家にしつらえてきたのです。

多少やりすぎとの声もありますが、この家に住むようになってから、私や家族の暮らしは面白いほど変化していきました。


この本では、私と家族がどのようにして「なんにもない部屋」で暮らしているのか、リビングから寝室に至るまで、その生活ぶりと、家と共に変化する私たちの様子を、赤裸々にお見せしたいと思います。

皆さまの暮らしの参考になるかは自信がありませんが、読んでいただけたら嬉しいです。

Contents

なんにもない
我が家に
ようこそ！

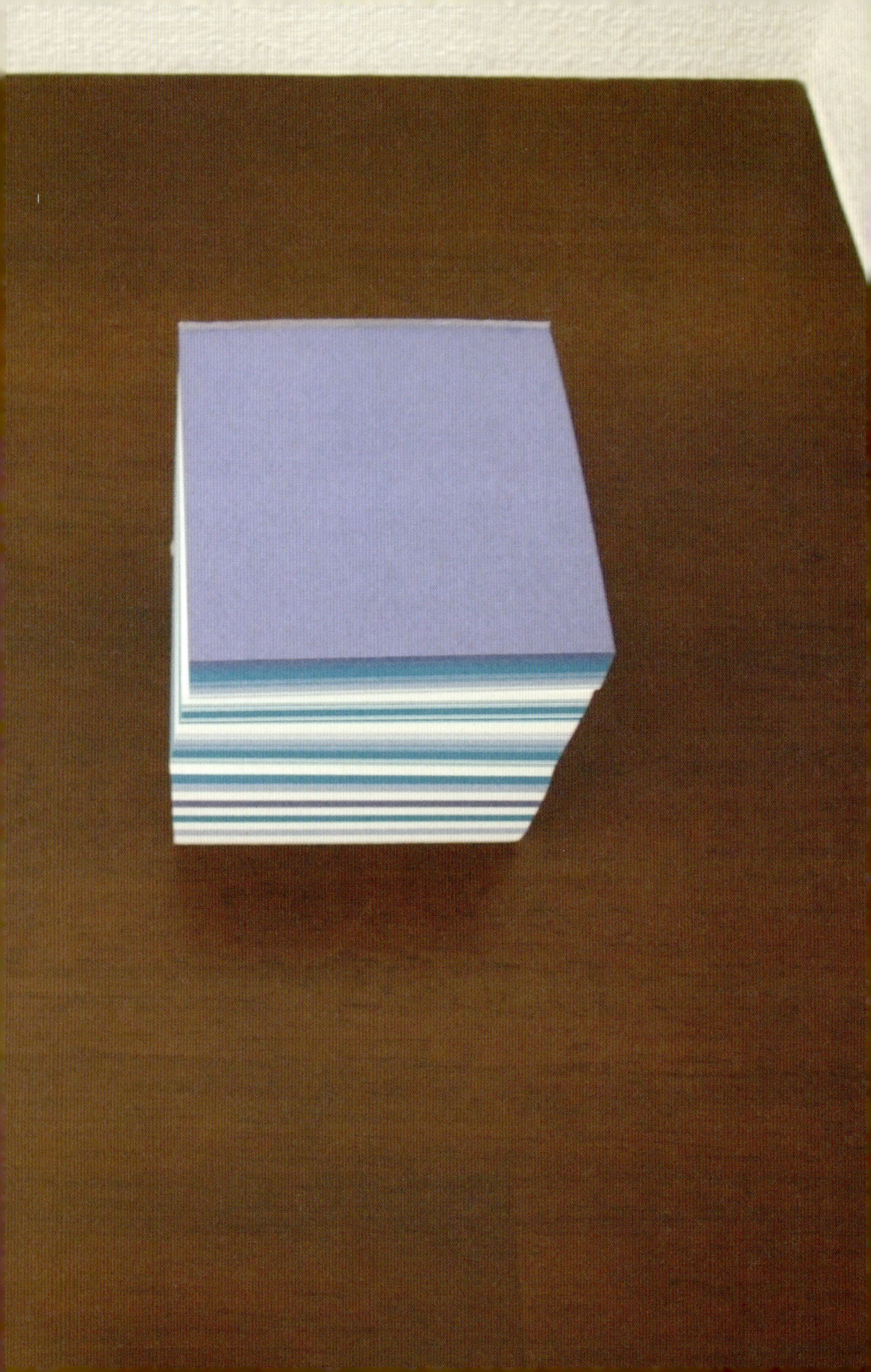

1章

なんにもない リビング

新聞や読みかけの本、メモ帳や
ペン、かわいらしい雑貨……。
リビングには家族それぞれの持ち物が
集まりやすい場所です。
しかし、実はそれらは別に
リビングになくてもいい物なんです！
その事実に気付いてから、
我が家のリビングから物が消えました。

リビングのルール

家族の共有スペースは「私物持ち寄り制度」を制定！

我が家のリビングを一言で表すとしたら「がら――ん」。これに尽きるのではないでしょうか。あまりの物のなさに、来客に引かれるほど。そんな我が家ですが、数年前まで物が溢れる「汚家」でした。一緒に暮らす祖母も母も、物が全く捨てられない人。私の「捨てたい病」が家族に理解されることは難しく、捨てる、捨てないでいつも喧嘩ばかり。言い争いに疲れ、心が折れたこともありました。

しかし、東日本大震災で被災して、物が溢れる家は災害時には実に危険だということと、沢山の物を持っていても、非常時に本当に必要な物は持っていなかったことを、痛感したのです。家は失いましたが、それ以上に多くの事を学ぶことができました。

やがて私も結婚し家族が増え、改めて新しい家でやり直すことになりました。そして、汚家にしないためのルールも設けたのです。それが**「共通スペースに置いていい物は、家族皆が使うものだけ。それ以外は自分の部屋に持ち帰る」**というもの。

最初は反発の嵐。だって今まではそこら中に物が溢れていたから（月1回で使うレベルのものも「よく使うもの」とされていた）。でもそこで負けたらだめだと思い、徹底的にルールを貫いたのです。引っ越したばかりの混乱の中だからできたことかもしれない。（今から引っ越しの人は、どさくさにまぎれてルールを作るチャンスかも?!）殺気立った私に気圧されたのか、家族は文句を言いながらも守ってくれました。そしたら1カ月ぐらいすると、家族の方でも気付いてきたんです。「案外不便じゃないんだ〜」と。

リビングで、身近に必要な物は、我が家はティッシュペーパーとリモコンぐらい。それだけ取りやすくしておけば、不便というほどでもなかったのです。それ以上に物がないと片付けやすく、物の紛失もなく、色々と過ごしやすかったのだと思います。

このルールのおかげで私たちは
なんにもない暮らしが続けられます！
ルール①「各自のスペースは各自の自由！
私は一切関与しないっっっ！」
夫の収納スペース
沢山の服
ゲーム
本
山登りグッズ
ここはどんなに散らかしても怒られない！♡
母の部屋
アロマ
健康グッズ
カッパの雑貨
大量の本
いろんな雑貨を飾るのが好きです
祖母の部屋
スクラップブック
TV
本
のんびり読書を楽しみます
ルール②「公共スペースでは持ち寄り方式で楽しむ。
終わったら元の場所に持ち帰る。」
読書
ゲーム
DVD
映画観賞
持ち込んだ物は必ず持ち帰りましょう!!
総務

リビングのルール

「なんにもない」が家族に受け入れられた秘密は、季節にあった

「片付くのはいいけど、物がなさすぎて落ち着かないんじゃないの？」そういった疑問を持つ人、大勢いると思います。

確かに私のブログや本に登場するリビングの写真には、人っ子一人写っておらず、そりゃぁもう殺風景。私自身、もともと生活感が漂うインテリアはあまり好みではないので、置いてある家具や雑貨もなんとなく無機質に感じられると思います。

でも、なんにもないリビングにした時、家族の反応は意外にも良かったんです。多分それは**夏だったから**。物がないと風通しも良くなって、視界もスッキリしていたので「これ、いいね」となったんだと思います。

そうしてひと夏かけてなんにもない状態に慣れて、「私物持ち寄り制度」も定着していったので、秋になっても物は増えず。冬支度もサッと暖房器具を出して、春になったら、またサッと片付けるだけでOK。

なんにもないことが心地いいと実感したお陰で、最近では家族も「物を増やしたくない」と言い出すようになりました。今年の冬も、私が「何か買い足そうか？」と聞いたのですが **「物が増えると、せっかくのリビングがもったいないからいらない」** と言っていました。さらに **「なんにもなくてもやってこられたから、これ以上はいらないよ」** とまで。「足るを知る」を、家族が身をもって実感している！　と目頭が熱くなったものです。

そんな家族の中で、最もリビングを堪能しているのは夫かもしれません。テレビの前は、基本的にはなんにも置かないフリースペースになっているので、ここに座布団を持ってきて寝転がりながらテレビを見たり、筋トレをやったりしています。我が家のリビングにはソファーがありませんが、その分広々と使えるのです。

テレビの前に座布団を持参してリラックスタイム。
ダラダラ過ごしても、マットをさっと片付けるだけで、
元のきれいなリビングに。
夫「このマットがあれば、家のどこでも寝転べます。
物がないと大の字になれるから快適です」
冬はここにコタツを置きます

来客の時

友人には「お寺のようだ」と好評(?)です

「あのさー。今度家に行ったら、リビングでフラフープしたいんだけど」。先日、友人に言われた衝撃の一言。その突拍子もない発想に「は？　フラフープ!?」と聞き返してしまいました。

別の友人も、「いや、フラフープも良いけど、バドミントンもしたいよ」などと言い出す始末。いやいやいや……と言いつつ「実際やってみたら面白いネタになるなぁ」などと思ってしまいました。もちろんラケットを振り回すほどの広さはありませんが、それくらい友人の間でネタになっているんですよね、この家は…。

私は非社交的な人間なので、友人関係はかな〜り狭く、家に遊びに来る友達はごくわずか。でも人を呼ぶのは大好きなんです。

　というのも、小さい頃は友達を家に呼んだ事はほとんどなかったから。理由はもちろん「散らかっていたから」。だからずっと家に友達を呼ぶ事に憧れていたのです。そしてこの家に住むようになって、少しずつ友達を呼べるようになりました。

　来客の際は、大体テレビの前に座ってもらいます。テレビの前に折りたたみのコタツテーブルを広げて、そこでお菓子を食べながら話します。我が家には漫画もあまりないし、アルバムもないし、DVDも皆でやれるゲームもない。非常にエンターテインメント性に乏しいので、皆飽きちゃうかなーと心配でしたが、ダラダラと語り合う時間を過ごすうちに**「案外くつろげるわ。なんにもないからお寺みたいで心が落ち着く」**と言ってくれているので良かったです。

　でも、まぁお寺じゃ騒げないからフラフープぐらい用意しとこうかな。なんてね。

ゆるり家写真館

～リビング編～

来客時の様子。昔は来客用のお皿など持っていたのですが、たくさんの食器を持つことが嫌になり、食器の数を減らしました。来客が大人数の場合、足りない分は紙皿で対応します

隠れるくるりを、探すぽっけ

カーペットの下に隠れる
人見知り猫、くるり

室内フラフープを実践。イケました

辛抱たまらん！　と飛び込む猫。
猫サーカスです

無念…
言い出しっぺは仕事で欠席。

リビングが、宴会芸のステージにも
使えることが判明しました

部屋と私とおしゃれの黒歴史❶

汚家時代「私、漫画だけがあればいいんです」期

たとえば森ガールなら北欧系の部屋、ギャル系ならゴージャス系の部屋…といったように、インテリアとファッションがリンクしている人、結構多いのではないでしょうか。

私のファッションも、家とリンクしてきました。私の場合、汚部屋育ちの為(!?)か、「ファッション」といってもスタイリッシュには決まらず、イタい思い出ばかりなのですが。

これまであまり大々的に語ることはなかった家と私とおしゃれの黒歴史、こっそり紐解いていきたいと思います。

私は、高校生になるまで家が汚い事に気付いていませんでした。自覚がほとんどなく、家が汚いかどうかも興味ありませんでした。ファッションにおいても同じで、高校生活の後半まで、おしゃれにまったく興味のない青春時代。

平日は「制服」というありがたい制度によって守られていたので、着るものには困りませんでした。スカートを短くしたり、ルーズソックス（全盛期だった）を履いたりはしていましたが、それも周りがそうしているから倣っただけ。

休日になると何を着ればいいか分からないから、当時の私服の記憶がありません。「汚女子」ではなかったとだけは信

じたい…。

　そんな当時の私の興味の対象は、漫画でした。情熱は漫画だけに注がれていて、漫画漬けの毎日。しかし、私服同様、当時何を読んでいたのか、あまり思い出せません。

　覚えているのは『こち亀』が大好きで、全巻（当時は１２０巻くらいまで出ていたのかな？）揃える事に命をかけていた事と、『殺し屋１』という残虐極まりない漫画にドはまりして、所構わず読みクラスメイトに引かれていたことだけ。

　もっとイタい思い出があると思うのだけど、さすが「捨て変態」を自称するだけあって、物だけでなくイタい記憶もきれいさっぱり消し去る能力があるのかもしれません。

　何にせよ、家にも自分に対しても無頓着というか、無意識だった時代でした。

もう私には
漫画だけ あればいいの
カメダス
スカート丈を
少し短く
ルーズソックス
もどきをはいて……
と、周りに
合わせて
頑張ってみた。
でも……

2章

なんにもない
キッチン

キッチンは、家族の生活を支える場所。
キッチン道具や食材など、
欠かせないものばかり
…のはずですが、我が家は引越し前の家のような状態。
それでも毎日料理はできています。
しかも、なんにもないお陰で、便利な点もあるんです。

空間の作り方

最初は家族の負担を最小限に「なんにもない」は時間をかけて慣れるもの

汚家時代の台所（「キッチン」なんて言葉は似合わない）は、家の北側に位置するひっそりと暗い場所でした。当然、ここも物に溢れていたので、非常に狭く2人立つのがやっと。氷で冷やす昔の冷蔵庫なんてものもあったっけ。そんな台所なので、私は狭さを理由にろくに手伝いもせず、母はひとり黙々と家族の食事を作り続けていました。寂しい思いをさせ続けて申し訳なかった…。そこで新しい家では、寂しくないキッチンにしようと、心に決めたのです。

そうしてできた今の家の「キッチン」は、家の中心に位置し、当然余計な物も置きません。家作りの段階で、私は「キッチン家電は全てしまいたい！」と宣言し、パントリーは、家電を入れても大丈夫な造りにしてもらいました。その時は、母も夫も「ふ〜ん」といった反応でしたが、いざ新居に住みはじめると、私が本当に何もかもしまうので「そこまでしなくても…」と、唖然。当然「出しっぱなしのほうが楽なのに！」と、反発もありましたが、**①使ったら出しっぱなしでもOK、代わりに私が片付ける**（家族にとっては使う時に取り出す不便さだけにする）、**②家族が取り出しやすい&使いやすいように収納の場所を工夫する**（動線を考えて、背の高さに合わせて取り出しやすくする）、この2つを約束しました。

　家族の手間を半減させることで「キッチンのなんにもない化」を受け入れてもらったのです。今では、家族もなんにもない状態が当たり前になって、自然と「使ったらしまう」が身に付いてきました。最初に何もかもしまうよう強要しなかったこと、物が少ないとしまう場所が明確で、片付け＝面倒臭いというイメージが払拭されたことが、成功の鍵だったのだと思います。

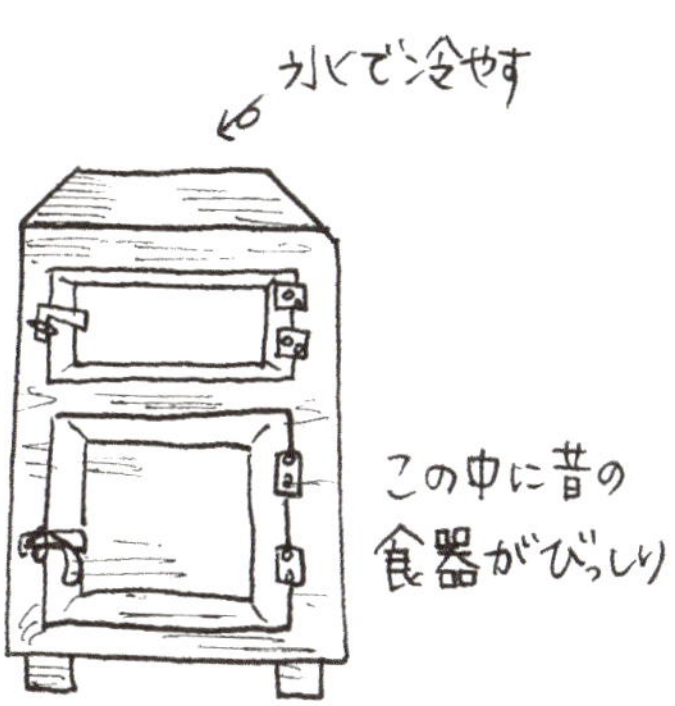

氷で冷やす
この中に昔の食器がびっしり

物に溢れたキッチンだったら、隣で晩酌などされたら
「邪魔だからどいて!」なんて言っていたかも。
なんにもないキッチンのお陰で、夫婦も円満です。

キッチンの作業スペース

なんにもないから家事の効率が上がる&家族の掃除の手間が省ける

「ここさぁ、モデルルームの方が物あるよ?」この台詞、何度聞いたでしょうか。よく我が家は「モデルルームみたいだね」と、やたらとモデルルームと比較される事が多いのですが、キッチンを目にすると、冒頭のような意見が寄せられるのです。

それもそのはず。モデルルームはスッキリ整頓された中に、おしゃれな瓶とかパスタとか、季節のフルーツなんかを飾って、居心地のいいおしゃれ空間を演出しています。が、我が家にはそれがない。なんにも表に出さない。もはや執念を感じるほどに出さない。「料理しないの?」と疑われても出さない。もはやこのがら～んとしたキッチンでは、インテリアという概念はとっくに捨て去られ、どこまで全部しまえるかを追求していった私の、飽くなき挑戦の結晶と言えるでしょう。

家の中心にキッチンがあるという事は、良くも悪くもいつでも「キッチンが目に入る」という事。私は捨てたい病の次に厄介な、**「なんでもしまって視界をスッキリさせたい病」**でもあるので、必然的にキッチンはスッキリがらーんとさせておきたいのです。

執念の「しまいまくり作戦」ですが、お陰でキッチンがより広くなり、作業スペースもたっぷり作れます。私はそのスペースに、その日使う物を全て出して手間と時間を短縮するようにしています。**なんにもないキッチンにすれば、効率よく料理できる**のです。

また、がらーんとしたキッチンがいい一番の理由は、**掃除がとーーっても楽**な事。私は、家の中でも最もキッチンの掃除を大切にしています。なぜなら虫が大嫌いだから。虫というのは、あの、世にも恐ろしい黒いアイツです。シンクに落ちた一粒のスイカの種ですらアイツに見える始末。なので、今の家では命ある限り、アイツに敷居をまたがせないつもりです。

そんな清潔なキッチンを保つためにも、最大限に掃除がしやすい環境にしなければいけません。上や下、ちょっとした隙間も、食べ物のかすやゴミが残らないよう徹底的に掃除します。**出ている物が多いほど、汚れやすいし、掃除の手間もかかる。手間を省くためにも、なんにも出ていない方が楽なのです。**

基本的には、私がキッチン掃除に情熱を燃やしているので、家族は「あの子の仕事は取っちゃいけないよね〜」といった感じで、掃除しまくる私を静観していますが、調理中に醤油や油ハネがあったら、その場でさっと拭くなど、汚さないように協力をしてくれるようになりました。

ちなみに、調味料は要冷蔵でもそうでなくても、全て冷蔵庫にしまってしまいます。使う時に出して、使ったらしまう。リビングと同じ方式ですが、一連の動作がクセになれば、どうってことありません。

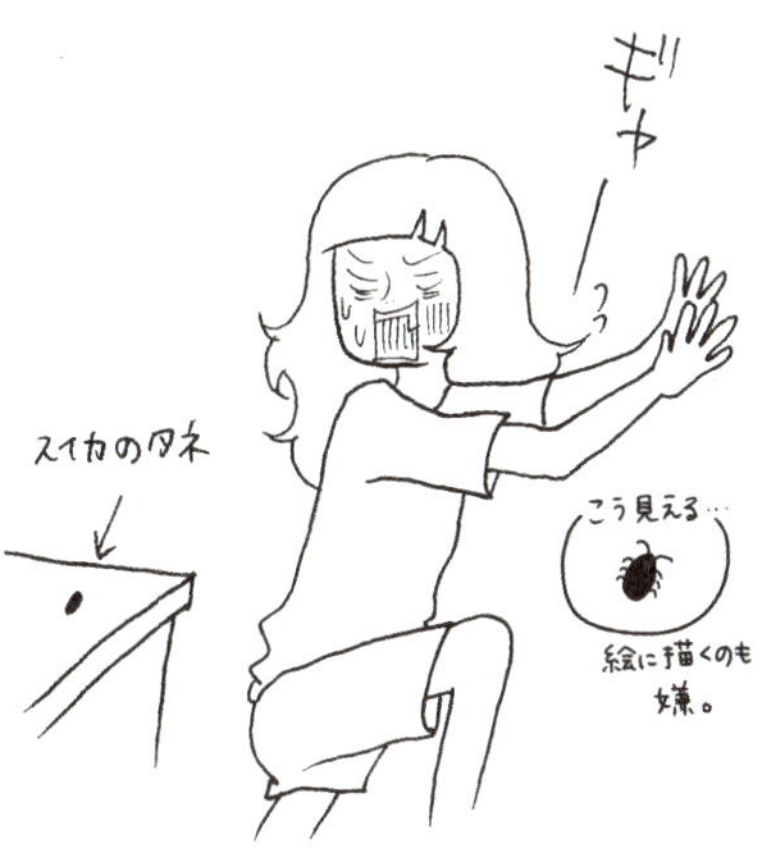

ギャ
スイカのタネ
こう見える…
絵に描くのも嫌。

キッチン道具

家族と使うキッチンだからこそ、家族が使いたい物には寛容に

家族とキッチンを使ううちに、私にとってひとつ困ったことが生じました。それが「調理器具の増加」です。計量カップや水切りカゴ色んなサイズのフライパンや鍋、タッパー等。私にとっては不要だけど、家族にとっては必要な物が増えていくのです。家族にだって、それぞれ使いやすい&欠かせない道具があります。そこで**家事を一緒にする以上は、家族が増やした物には、目をつぶる**ようにしたのです。

物を減らしたくて必死になっていた時期もありましたが、キッチンに関しては少し考えるのをやめました。家族も少ない物で暮らす事に慣れてきたのか、徐々に物を増やす

こともなくなりました。お互いの妥協点が今のキッチンの量なのかもしれません。

計量カップ
マグカップで
大体量が計れればいいや
水切りカゴ
清潔なふきんの上に
洗った食器を並べる
色んなサイズのフライパン
最近は大きいフライパン1つでも
いいような気がしてきた
タッパー
「お皿にラップ」で代用できる
ボウル
丼ぶりの食器を持っているので
それで代用したい
そういう事言うともう作らないよ！
台所は使いやすい道具がいいよ!!
と、言われるので（当たり前か……）
我慢も必要なんです。

ダイニングテーブル

家族がお気に入りの物を持つことで、食事も楽しくなりました

「どれくらい乗るのか限界まで挑戦してみました！」。汚家時代のダイニングテーブルを表現するとしたら、こんな文章が合うんじゃないでしょうか。しょうゆや塩などの調味料、ハサミやセロハンテープなどの文具、リモコン、読みかけの本、新聞…。「手元にあると便利っちゃー便利よね！」と思う物から始まり、大事な書類から大事じゃない書類まで、果ては賞味期限切れの食べ物や使い終わった乾電池まで満載だった、我が家のテーブル。**「手元にありゃいいってもんじゃないよ！」**と当時の家族にツッコミたいです。

食事の時になると、テーブルの上にある物を必死に端に寄せて、無理やりスペースを

作り食卓へ。そのテーブルで、間に合わせで買った、大して思い入れのない食器でご飯を食べる。

そんな食卓でくつろげるわけがなく、長居は無用！　とばかりに早く食べ、自分の部屋に戻る……といった生活でした。

今の家に住み、片付けの権利を得た私が一番先に徹底したのは、「ダイニングテーブルには何も置かない」でした。また食器も、**適当に買って適当に使っていた物は全て処分し、私や家族が気に入っていて、使っていてウキウキする物を持つようにしました。**

するとそれだけで、驚くほど日々の食卓が楽しくなってきました。何気ない食事もとっても美味しく感じられるのです。改めて片付けの威力を思い知ったのでした。

どっちゃり。
食事の前に
ムリヤリスペースを
空ける。

ゆるり家写真館

～キッチン編～

ダイニングから見たキッチンの様子。まるで引越し前の家のよう

フォルムが
お気に入りの醤油さし

使っていると
心がほっとする食器です

器具類が入った収納。この隙間がたまらない

信じてもらえないかもしれませんが、料理しています…

調味料類は、要冷蔵以外の
物もすべて冷蔵庫へ

部屋と私とおしゃれの黒歴史❷

汚家に気づいた「輝け！大学生デビュー」期

そんな漫画にしか興味がなかった私でしたが、ある日突然視界が開け「あれ、ヤバい！　うちは汚いんだ！　恥ずかしい！」と気付きました。

まるでアダムとイブがリンゴを食べ、自分が素っ裸な事に初めて恥ずかしさを覚えたように、私も急激に恥ずかしくなったのです。

でもどうしてその時視界が開けたんだろう。どうしてもきっかけが思い出せないんですよね。もしかしたら本当にリンゴでも食べたんじゃなかろうかってくらい、はっきりと自覚してしまったんです。

それから、私の「家に対するコンプレックス」が炸裂するようになりました。家が「生活の場」から、「他人には絶対知られてはいけない秘密」に変わってしまいました。

それがきっかけで他者の目を気にするようになったのか、私は段々とおしゃれにも興味を持つようになりました。せめておしゃれだけでもしておかなきゃ！と思ったのかもしれません。ちょうどその頃、大学進学が目前に迫り、制服という鎧もなくなるところだったので、必死に「おしゃれとはなんぞや」と考えました。

当時のおしゃれ貧困だった私が捻り出

した選択肢は、ギャル系、ｃａｎｃａｍ系、そして古着系。ギャルでもきれい系でもない私が手を出せるジャンルと言ったら古着系しかありません。自然と私の大学生デビューの衣装は古着系に決まりました。

この頃は、家族とたくさん喧嘩してでも汚家脱出のために慣れない片付けを頑張り、おしゃれにも目覚めて着飾ろうと努力したりと、随分変化しようと頑張った時期なんだなぁと今改めて思いました。えらいぞ、当時の自分。だいぶ方法は間違ってたけど。

これで
合ってんのかな?
眉毛が突然
うすくなったよ
(うす眉ブームに
便乗)
ゆるゆるなお団子
ヘア
レトロなコート
ワンピースの下に
デニムを
はいてた。

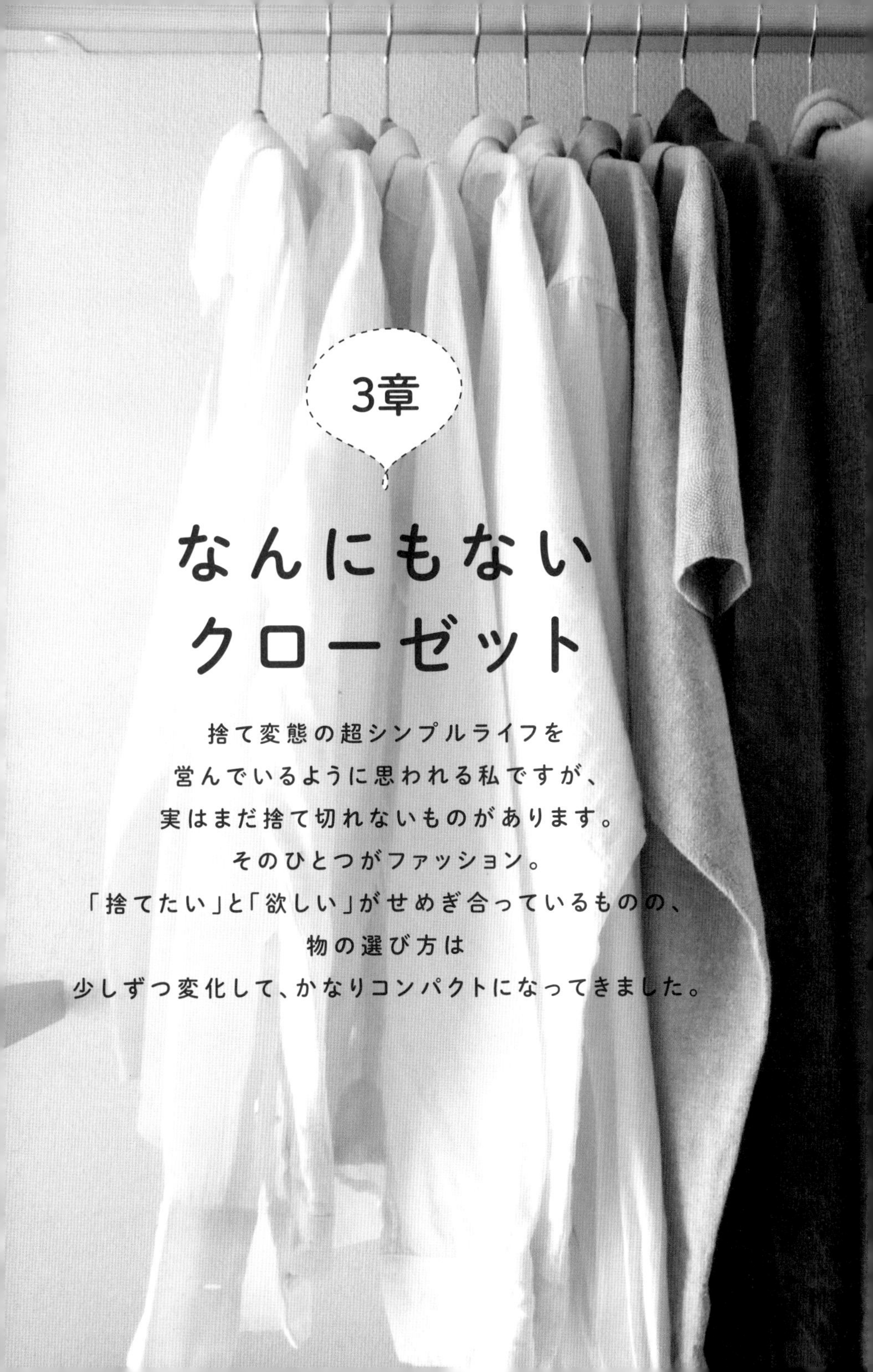

3章

なんにもない クローゼット

捨て変態の超シンプルライフを
営んでいるように思われる私ですが、
実はまだ捨て切れないものがあります。
そのひとつがファッション。
「捨てたい」と「欲しい」がせめぎ合っているものの、
物の選び方は
少しずつ変化して、かなりコンパクトになってきました。

クローゼット

自分の物は自分のスペースに。当たり前のことがストレスから家族を救った

私のクローゼットは寝室の横にあり、ウォークインクローゼットになっています。入って右側が夫の、左側が私のスペース。そこに下着、洋服、アウター、バッグ、そして靴に至るまでが詰まっています。

靴は玄関の靴箱に置く方が多いと思いますが、私は全てクローゼットに入れています。そして外に出るたび、それこそ近所のコンビニに行く時でもわざわざクローゼットから靴の入った箱を玄関に持っていくのです。「いちいち？　面倒臭っ！」と言われる事が多々ありますが、はい、確かに面倒臭いし、なにしろシュールです。

じゃあなぜそんな面倒な事をしているかというと、持ち物全てを一度に見渡したい願

望があるからだと思います。

汚家時代は、洗濯済みの服が家の色々なところに点在していました。家の何カ所かに家族全員の服が集まった「服塚」が形成されており、そこから自分の服を探します。靴下なんかはもう大変。生き別れた悲しき右足靴下と左足靴下を、再度巡り合わせるのはひと苦労。最終的には、全部同じ柄の靴下にして、左右関係なく履くというズボラ術まで実行していたっけ。

そんな環境に家族みんながストレスを抱えていたはずなのに、当時はそれが当たり前の光景でした。だからみんな、自分がどれくらい物を持っているのかがよく分からない。今何が洗濯中で今日は何を着れば良いのか、そんな単純な事がちゃんと分からない生活だったのです。

その上、自分の持ち物を把握できていないと、同じような物を何度も買ったりもして、無駄に物が増えて不経済…という悪循環に陥ったりもしていました。

その生活をどうしても変えたくて、クローゼットを、自分の持ち物が全部把握できるようにしたのです。そうして**共有スペースから自分の物を引き上げるよ**

うにしたら、家族も自然と同じ行動をするようになって、我が家から服塚が消えました。なんにもないクローゼットは、私の「持ち物全てを一度に見渡したい願望」を満たしただけでなく、ストレスから家族を救ったのです！ただ、私は三度の飯よりバッグ、次いで靴が好きな女。「なんにもない」を目指しているくせにバッグと靴にはやたらと甘く、服との比率が明らかにおかしいくらい持っています。

ストイックを装いながら実は欲望に弱い私ですが、物を見渡せるようにしていると買いすぎ防止になることだけは確かです。在庫数が明確なので、物欲が湧いても「1回の外出に使うのは1つと1足だぞ」と気を引き締められます。ある意味戒めに近いのでしょうか。クローゼットを共有する夫も、そんな私を温かい目で見守ってくれている…と信じたいです。

家の中に点在した魔の服塚

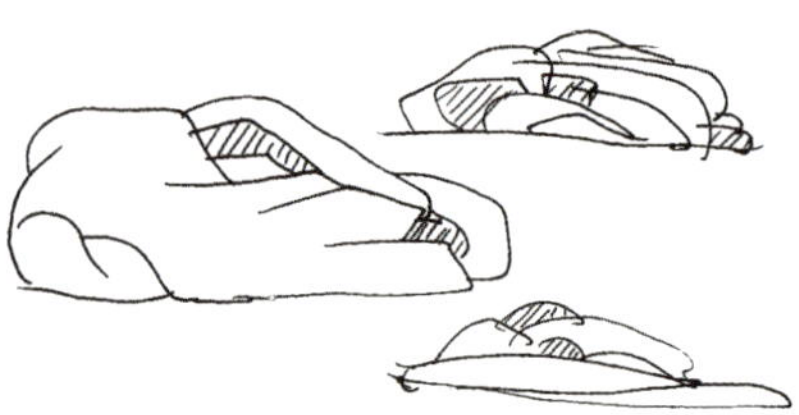

After

それが原因で、今では「全部見渡したい」と思うようになる。

私の持ち物の全てがここにあるーっっ

Before

汚家時代の全然楽しくない宝探し

くつ下の片方がない！
時間ないのにっっ!!

めちゃくちゃストレスを感じていた。

私のクローゼットのここが好きっ！

◎ バッグの中身を出し入れするスペースは絶対必要。

毎回違うバッグを持ちたいので、バッグの中の小物は毎回全部出します。なので棚を一段空けそこでバッグの中身を出し入れする場所をつくっています。

◎大好きなバッグを棚に並べる幸せ♡

バッグは保存袋に入れて保管。
以前は箱まで取っていたけど、ネコにボロボロにされたので処分した。

◎下着はお道具箱に保管

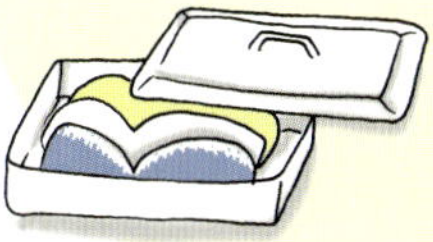

先日、良い下着を購入したので、型くずれしないように、使っていなかったほうろうのお道具箱に収納している。
サイズがぴったりだったので……。

◎ネコにとっても好きな場所らしい。
姿が見えないなーと思うとW.I.Cで寝てる。

クローゼットの中身

自分の物だけはシーズンごとに総入れ替え

私は衣替えをしません。その代わり季節の変わり目に**「次のシーズンもまた着たい！　絶対に着たい！」と思えるものだけ残して、あとは処分。**といっても、もともとそんなに数はないので、1シーズンで着倒してしまう事が多く、ウエスになる服がほとんど。そして新しい季節の初めにどかっと買い足します。我ながら思い切ったクローゼット管理法だと思うので、**この方法を家族に強いることはしません。**

そんな私も、さすがに冬場のアウターは1シーズンで着倒すことはなく長い間使うので、買う時は普段の洋服を買う以上に慎重に考えて購入しています。

クローゼットには オールシーズンの服を全て

ハンガーにかけて吊るしています。

吊るさないのは

インナーとくつ下。

……って当たり前か。

衣替えの手間がはぶけます。

服の総数も把握できるから「持ち過ぎないようにしよう!!」とブレーキがかかります。

でも最近は

綿や麻素材のシャツや

飽きのこないシンプルなデザインの

カーディガンなど

1年を通して着られる服を買う事が

多くなりました。

だって…… オフシーズンの服を見ると

「今着ていないから」って理由で捨てたく

なるんだもの……。

夏にセーターとか

冬にTシャツとか捨てたくなるね。

季節の終わり頃は

絶好の「捨てチャンス」到来!

① 来シーズンも着ると確信できない服

② 何となく着心地が悪い服

③ あんまり良い思い出がない服

④ シミ、汚れ、ほつれが酷い服

→ 直せるけど直すのが面倒……という服も

このいずれかにあてはまる服は

処分!!

⚠ 家族の服は

捨てませんっっ!!

服の手入れ

自分のワードローブが整ったら、家族の物もきれいになった

なんにもないクローゼットにしたら、思わぬ効果も生まれました。それは、苦手なアイロンがけを好きになったこと。長い間、アイロンがけはやりたくない家事ランキング上位でしたが、最近になってその楽しさに目覚めたのです。

きっかけは、服の趣味が大きく変化したことにあります。汚家時代から今に至るまで、色んなファッションに手を出してきましたが、物を減らすうちに辿り着いたのは真っ白なシャツでした。しかし白シャツというのは難しいアイテムで、着こなすまでが大変！　まず、姿勢が良くないと格好悪い。そして、アイロンがピシッとかかっていないと、素敵さが半減してしまう。そんな白シャツを着こなしたい一心でアイロンがけを

頑張る事にしたのです。そうして、白シャツだけでなく家族の服も引き受けて、せっせとアイロンがけに勤しみました。お陰で家族のワードローブも、心なしかピシッと輝いてきたように思えます。

家事というのは、真剣に取り組めば取り組むほど結果が見えてきます。お気に入りの白シャツがパリッと仕上がったり、家族に褒められたり、感謝されたりすると、ますます嬉しくなって、いつしか「アイロンが好き!」と言えるようにまで成長しました。豚もおだてりゃなんとやら。私もおだてられると弱いのです。簡単に木…いや高層ビルまでのぼってしまう人間なのです。

アイロンをかけている時間は、なぜかゆっくり流れます。こつこつとアイロンをかけた白シャツは、本当に格好いい。着ていて背筋がシャキッとします。そんな白シャツがずらりと並ぶクローゼットの景色が、私は大好きなのです。

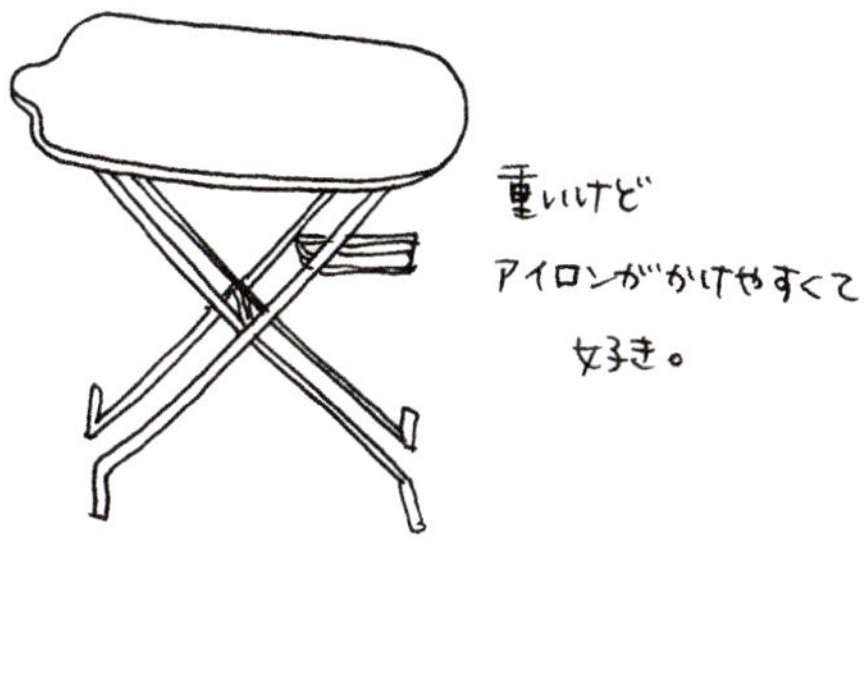
重いけど
アイロンがかけやすくて
好き。

ゆるり家写真館

～クローゼット編～

私のクローゼットの全体像。持ち物の大半をここに収めています

こちらは夫のクローゼット。以前は
服がぎっちりでしたが、
私のクローゼットを見るうちに
片付けたくなったようです

お気に入りの下着入れ

今、私が持っている全洋服です。白シャツ多数

白シャツに目覚める前の洋服たち。
左の方に激しめの柄物が…

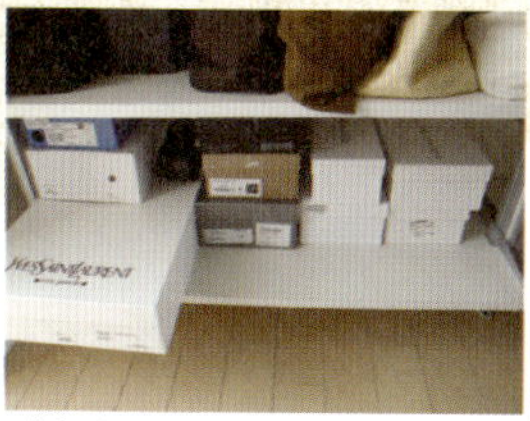

ご近所用も、おめかし用も、
靴は全て棚の下段に収納

夫の脱ぎ散らかした服の上は、猫の恰好の遊び場

服が大体25着ほど。
それと比べるとバッグの数は多いです

汚家まっただ中毛が舞い散るマタギ期

問「新婦の第一印象は?」答「マタギ。」これは結婚式で夫が私の第一印象を聞かれた時の答えです。信じられます? マタギですよ、マタギ。結婚式という華々しい舞台で、新婦さまのお披露目じゃー! って時に新郎から発せられたんですよ。でも、残念ながら事実です。

今なら分かる。古着系って難しいんですよね。本当のおしゃれさんじゃないと着こなせないアイテムが無数に転がっているんです。でも私には分からなかった。おしゃれ初心者のくせに無駄にチャレンジャーでもあった私は、果敢にそのアイテムを取り入れてしまったんです。

よせばいいのに、あんた何時代の人なのと言われそうな超レトロなワンピースを着てみたり、変な眼鏡をかけてみたり、眩しいくらいのゴールドが光り輝くクラシカルでほのかにカビの匂いがするチェーンバッグを持ってみたり。そしておしゃれに抵抗がなくなってきたのか、麻痺したのかなんなのか、段々と私の服装は奇抜になり、やってきましたマタギ期到来。ファーにハマりにハマってしまったのです。

ファーが大好きすぎて、でも加減が分からず、色々な場所にファーを取り入れ始めてしまいました。コートにも、バッグにも、ブーツにもファー。しまいにはファーファも好き。モコモコ万歳！毛むくじゃら万歳！　となってしまったんです。そしたらいつの間にか私のイメージは「マタギ」。もはや古着系でもなくマタギ系。

　結果、学校では「あの子ちょっと個性的なファッションだよね」なんて言われていました。しかもそれを褒め言葉だと思っていた自分。あぁ恥ずかしい。勘弁してください。もうしません。

　今でも当時の私のファッションの話が出ると、友達や家族は遠い目をするので、一緒にいて大変恥ずかしい思いをしたのでしょう。今から菓子折りを持って謝罪に行こうと思います。

　ちなみにこの頃の我が家は、汚家街道まっしぐら。幾度となく家族と戦い涙を流し、最終的に諦めていました。家に帰るのも嫌だったくらい、家が大嫌い。我が家はもう一生汚家のままなんだと腹をくくった時期でもありました。

もはや何系なんだかわからん。
この頃母からは「一緒に歩くのちょっと恥ずかしい……」と言われていた。
←ですよねー……。
私が歩くと毛が舞い散るぜ
この頃 夫と出会う。よく付き合う気になったなといつもふしぎに思う。

夫いわく
服はすごかったけど中身はちゃんとしてたからいいかなと
との事。
服装のおかげで中身がマシに見えたのか。

CHANEL
CHANEL
CHANEL

4章

なんにもない洗面所

意外と人が密集しやすい洗面所。
（特に朝！）
汚家時代は、家の中でも
「好きになれない場所」の上位にありました。
そんな洗面所が、今は大好きな空間に。
秘密は「十分すぎるスペース」にありました。

洗面所の収納棚

捨てたい私と、捨てたくない母 攻防戦に勝つ秘策

家を建てる際、我が家の荷物が一体どれくらいの量にまで絞れるのか検討が付かなかった私は、設計士さんに「ありったけの収納を希望します！」とお願いしました。その結果、床から天井までの大容量の収納棚が誕生しました。が、しかし今。その大容量の収納棚は、がら――――ん。我が家で捨て変態なのは私だけ。家族の物を含めたら、物は決して少なくないはず！　と思っていたのですが、個々の洗面道具はさほど量がなく、洗剤など消耗品の管理も私が行っているので、収納する物が特になかったのです。

しかも、そこからさらにバスタオルとマットを捨てる暴挙に出た私。しかし（当然ながら）最初は母に猛反対されました。そこで**ボディータオルで全身拭いて、**

お風呂場で足の裏まできれいに拭けばいいと主張したのです。最初は渋っていましたが**「洗濯の負担が軽減されるよ！」**など説得を繰り返し、ボディータオルでも全身いけると気付いた母に、やっと捨てることを認められました。もともと、十分なスペースがあったのに、さらにバスタオルとマットまで減らされた大容量収納。「収納の達人」が、この無駄づかいっぷりを見たら、怒って収納便利グッズを投げつけてくるかもしれない。でもあえて私はその怒りに立ち向かおう。だってこのがらーん具合を見ると、とても心が休まるんだもの。ここはもはや、捨て変態御用達のパワースポット。

洗面所は、家族の清潔を生み出す聖地でもあります。そんな我が家の聖地を汚したくない。小物や花で飾ることもしません。なぜなら物が増えた分、掃除の手間が増えるから。「汚れやすい場所には必要以上に物を置かない、手間をかけない」私のずぼらスピリットが、がらーんとした収納棚を生み出したのかもしれません。

家づくりの際、そうお願いした結果できた
捨て変態のためのガラーンスポット。

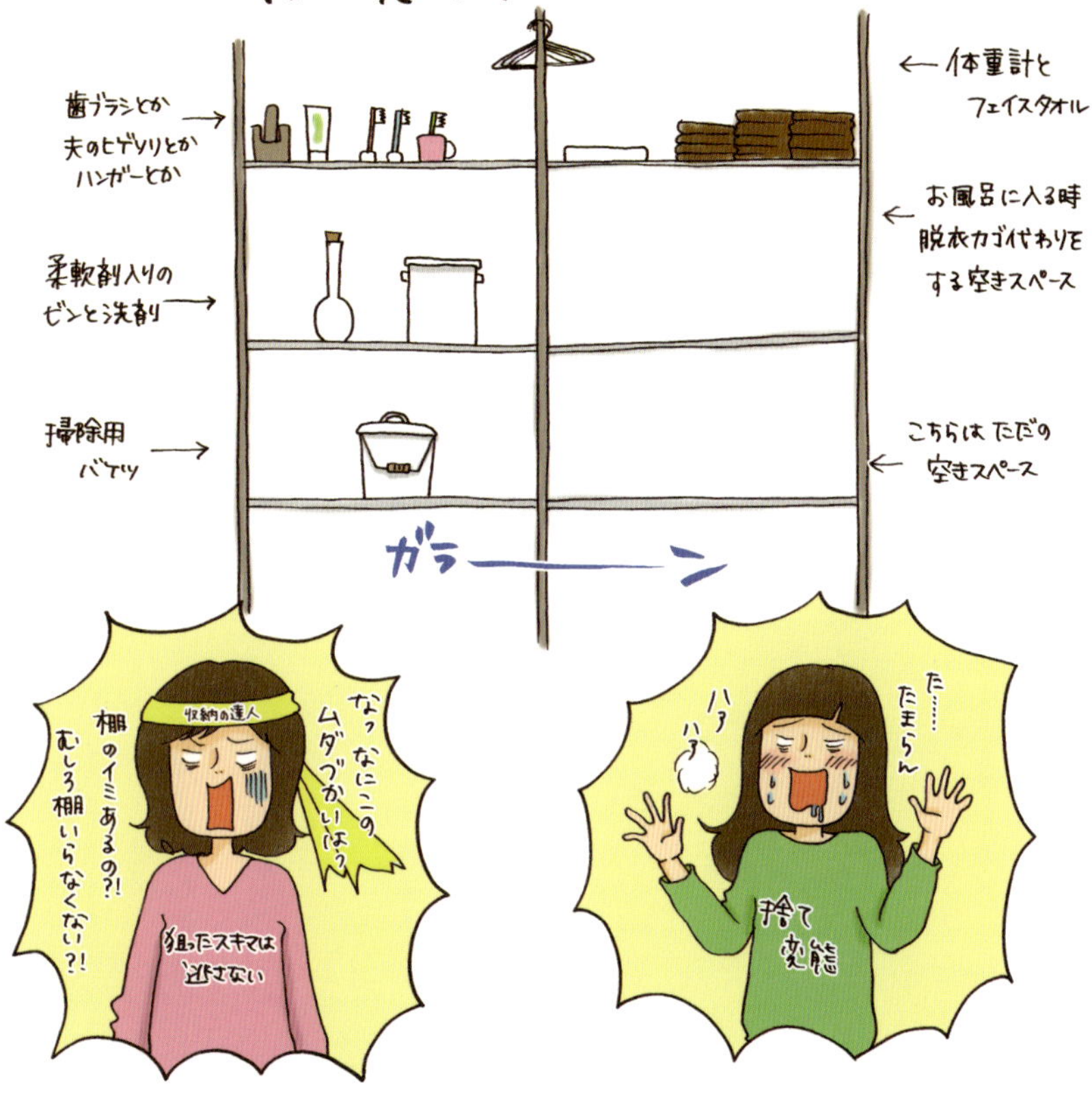

洗面所

広くした洗面所で、混み合う朝の洗面所をストレスフリーに

以前の家では洗面所がとても狭く、一人が使っていたら他の家族は手も洗えず、忙しい朝は大変。イライラして喧嘩になることも度々ありました。そこで、新しい家では最低でも2人は洗面台の前で支度ができるよう、ゆとりある洗面所にしたのです。

朝、起きたら寝ぼけまなこで夫とともに、ボーッと準備。目が覚めてきたら、今日見た夢の話や一日の予定なんかを話しながら、洗濯機のスイッチをオン。たったそれだけの時間なのに、**憂鬱でイライラしていた朝が、今ではめっきり爽やかモードに**。前の家でも、モノを少なくして少しでも空間を広げていたら、朝の見え方が違っていたかもしれないな…。なんて、今になって思うこともあります。

身支度の場所

それぞれ使う場所をそれぞれが清潔にするように

女性にとって、化粧品は美の味方。いくら物を持たない暮らしが流行ろうと、簡単に手放せるものではありません。かく言う私も…なんてことはなく、思いっきり捨てています。

私は不器用なので、メイクはいたってシンプル。地味な顔をしているので、一時期は頑張ってバッチリメイクをしていた時期もありましたが、結局面倒になってやめてしまいました。シンプルなメイクで良かったなぁと思うことは、化粧品が少なくて済むこと。「今後はメイクも簡素化しよう!」と決め、コンシーラー、アイライナー、ビューラー、マスカラを捨てた時は、かなり快感度の高い「捨てのK点越え」でした（その

なんにもない部屋の暮らしかた

●本書を購入いただいた理由は何ですか？（複数回答可）

1. テーマ・タイトルに興味をもったので　2. 著者にひかれて
3. 装幀にひかれて　4. 広告・書評にひかれて
5. その他（　　　　　　　　　　　　　　）

●本書をどうやってお知りになりましたか？（複数回答可）

1. 書店の店頭で
2. 著者のブログで
3. 友人・知人にすすめられて
4. 新聞広告・雑誌広告（掲載誌名:　　　　　　　　　　）
5. その他（　　　　　　　　　　　　　　）

本書に対するご感想や、著者へのメッセージをお願いいたします。

※あなたのコメントを新聞広告などで使用してもよろしいですか？（本名は掲載しません）□はい □いいえ

※アンケートにご協力いただき、ありがとうございました。
あなたのメッセージは著者にお届けします。
お手数ですが、右欄もご記入ください。

お住まいの地域		性別	年齢
都道府県	市区町村	男・女	

郵便はがき

お手数ですが
切手を
お貼りください

163-8691

日本郵便株式会社
新宿郵便局　郵便私書箱第39号
株式会社KADOKAWA
メディアファクトリー
出版事業局／第三編集部
なんにもない部屋の暮らしかた 愛読者係 行

◆下記のプライバシーポリシーに同意して以下を記入します

ご住所：〒□□□-□□□□

フリガナ

お名前

ご職業：
□会社員　□自由業　□自営業　□公務員　□団体職員　□アルバイト
□パート　□主婦　□短大・大学　□専修・各種学校　□自営業
□高校　□中学生以下　□無職
□その他（　　　　　　　　　　　　　　　　　　）

【個人情報取得について】
お預かりした個人情報は、当社からの新刊情報などのお知らせ、今後のアンケートにご協力の承諾を頂いた方へのご連絡に利用します。個人情報取扱い業務の一部または全部を外部委託することがあります。
個人情報管理責任者:株式会社KADOKAWA　メディアファクトリー出版事業局 事業局長
個人情報に関するお問合せ先:カスタマーサポートセンター
TEL：0570-002-001（受付時間:年末年始を除く平日10:00〜18:00まで）

後、友人の結婚式が重なり、ビューラーとマスカラは買い直したのですが…)。

そんな私のメイクのお供は、ほどよいサイズが気に入っている化粧箱。シンプルな、木のぬくもりが心地いい化粧箱です。蓋を開けると鏡になっているので、これを持っていけば家中どこででもメイクができるのです。**さっと広げて、さっと片付くから、家族の邪魔にもなりません。**以前は色々な収納グッズを使っていましたが、結局この箱に落ち着きました。

汚家時代は、薄暗い自分の部屋で黙々とメイクをしていましたが、今は化粧箱を携えて、その日の気分に合わせてメイクする場所を探します。

大体落ち着く場所はリビングかダイニングテーブルの上か仕事部屋。テレビを見ながらだったり、家族とおしゃべりしながらだったり、**孤独だったメイクタイムが、ちょっとした憩いの時間に変わりました。**

さすらう私と違い、夫と母には定位置があります。母は自室、夫は洗面台の前が身支度スペース。夫は最近、身支度のあと落ちている髪の毛を拾ってくれるように。以前は放置だったのですが、最近は家族で協力してきれいを維持しようとしてくれます。

私の愛用化粧箱

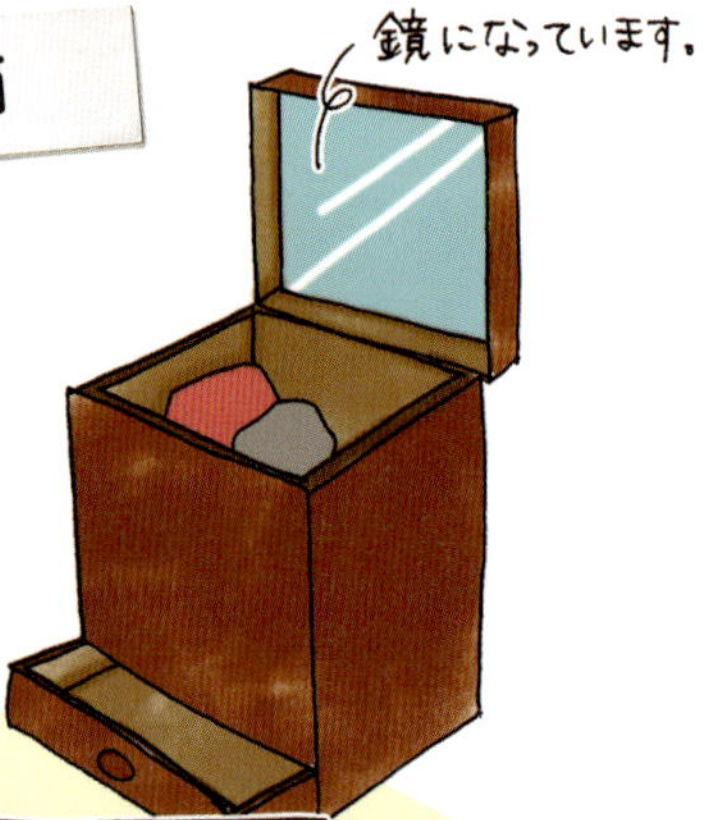
鏡になっています。

引き出し部分に
入れているもの
WANTED!!
くしは理想のものが
見つからないので
探し中。
ヘアゴム1本
ヘアピン4本
爪切り
トップコート
マニキュア
除光液
ビューラー
マスカラ
アイシャドウ
一度いらないと思って捨てたけど
友人の結婚式があった時に買い直した。
のでしばらくはもう捨てない。多分。
めったに使わないけど
たまーに使う。
アイメイクをすると顔が
重くなる気がするのは
私だけ……？

化粧箱の
メイン収納に入っているもの
◎メイクポーチ
基本のメイクセットを入れています。
化粧直しもこれらがあればいいので遠出や泊まりの時は、このポーチごとバッグに入れる。
ファンデーション
チーク
アイブロウ
アイブロウブラシ
チークブラシ
◎夏は汗ふきシートも。
すっきりすべすべー。
◎万能バーム
化粧水・乳液・ボディークリーム全てまとめてこれ1つ！という方法を教えてもらい、只今実践中。
◎化粧下地
UV
最近はめっきりバッチリメイクはしなくなりまして
こんな中身になりました。
地味顔だっていいじゃない

ゆるり家写真館
～洗面所編～

自慢の（?）収納棚

収納棚左側。がらーん。
歯ブラシなんかも、ここにしまいます

収納棚右側。さらにがら──ん
入れる物が何もない

左:昔の収納棚はこんな感じ。
今より生活感がありますね
右:生活感をなくしたくて、努力していた頃。
これでも私にとっては物が多いんです…

かさばりがちな洗剤や化粧ボトルも、
家族全員分入ります

濡れてもサッと拭ける洗面台

部屋と私とおしゃれの黒歴史④

偏った大人の女像 ―SATC憧れちゃった期―

そんなマタギだった私も、社会人になり立派にマタギを卒業。そして更なる勘違い期を迎える事になりました。

学生時代が「マタギ期」なら、社会人初め時代は、言うなれば「間違った大人の女期」とでも言いましょうか。いや……「SATC憧れちゃった期」の方が正しいかもしれません。

SATCとは『セックス・アンド・ザ・シティ』というアメリカの連続ドラマで、世の一部の女性がハマりにハマった作品です。内容はとにかくまぁざっくり言うと、4人の独身女性が恋だの、仕事だの、ファッションだの、なんやかんやわっしょいわっしょいどんちゃん騒ぎをする話。ハイブランドを格好よく持って煌びやかに生活する彼女たちを見て、まぁその…私も憧れてしまったわけです…。

今までマタギみたいな格好をしていた私が、社会人になり「そろそろこんな格好もできないし、大人になろう…」と思っていた頃に、鮮烈に映った彼女たち。「なるほど！　大人の女はこういうものか!!」と思ってしまったんですね。

当時私はいわゆるブラック企業に勤務しており、昼夜なく働いていました。ボロボロになって帰ってきても家はあいかわらずの汚家。休まるどころか、精神的負担が増えるだけ。でも一人暮らしをする気力と時間は残っていません。

結果、ストレス解消はたまの休みのお買い物。偏った大人の女像に憧れた私は、いつしかブランドバッグを買い出すようになりました。一生懸命背伸びしたかったんだと思います。

今でもブランド品で素敵な物を見ると心がときめきますが、この頃は、今の100倍好きでした。しかもお恥ずかしい事に、この頃買ったバッグの多くはロゴがどーんと入った、いわゆる「THE☆ブランドバッグ」。ちょっと成金趣味だったかもしれません。シンプルなデザインの物や、ロゴが入っていても形が凄く好きな物は今でも大事に使っていますが…。若かったなぁ。

眉毛もちゃんと
描くようになった。
化粧もしてさー
るいびとん
突然
ブランドもの
買い出してさー
ムリして
高いヒールはいてさー

5章

なんにもない仕事部屋

仕事部屋は、私のお城。
しかし、ここは働く場所。
「なんにもない」+「集中力が高まる」ことが
必須条件。
試行錯誤の上、居心地が良くて
仕事もはかどる、
そんな欲張りな環境に整いました。

仕事部屋

大切な家族を守る&集中力キープ仕様

我が家で一番好き勝手できる場所、それは私の仕事部屋。何を捨てても誰にも怒られず、迷惑もかけず、思い通りにできる私のパラダイスなのであります。だから家族のことはまったく気にしないでOK！　と思ったら大間違い。この部屋は大事な家族の一員である、猫が頻繁に出入りする場所です。しかもおもちゃになる紙、文具が盛りだくさん。**自分のためにも、ネコの安全のためにも、片っ端から片付けて「がらーん」とした状態にしなくてはいけません。**

もうひとつ「がらーん」にする大切な理由、それは「集中力を保たせるため」です。

私の仕事環境は自宅ゆえに誘惑が多い状態です。そこで仕事前に掃除することで、オン・オフのスイッチを切り替えることにしたのです。さらに**「視界に余計な物を入れない」**というルールを作りました。

仕事机の上にあるのはパソコンとデスクライトのみ。必要な道具類は、机の横のベンチ型収納に全て入れています。プリンターなんかも使う時だけ「よっこらしょ」と取り出すという、非常に面倒な事に。しかしここまでしないと、私の集中力はすぐに途切れてしまうのです。このルールのおかげで、机の上はいつでも広々。物をなくす事も少なく、必要な物をすぐ取り出す事ができるので、仕事の効率は良くなったと思います。

私が仕事部屋に缶詰になっている時は、自然と家族が集まってきます。忙しい時限定ですが、憩いの場がリビングから仕事部屋に移る事もしばしば。その際、家族はベンチ型収納に座ってもらいます（椅子にはくるりが寝ているので…）。夫はそこで本を読んだり、ゲームをしたり。なかなか2人の時間が取れない時は、そうやって静かに一緒に過ごすのです。母も今日の出来事などを、仕事部屋に話しに来ます。ついでに猫と遊んで帰っていきます。いや、もしかしたら私との会話がついでなのかもしれません。

仕事用の椅子

多少使いにくくても、猫の気持ちを最優先

仕事部屋にある特徴的なもののひとつに、2人掛けのソファーがあります。ソファーの脚には動かしやすいよう、キャスターも付けています。

ソファーを仕事用の椅子にしている人は、あまりいないのではないでしょうか。少なくとも私は見た事ありません。我ながら随分思い切ったことをしていると思うのですが、これには私の海よりも深い愛が込められているのです。それは、猫と共存するため。

仕事中、私のそばには必ず2匹の猫（くるりとぽっけ）がいます。中でもくるりは私の真横が大好き。以前は1人掛けの椅子を使っていたのですが、無理矢理私の右横に眠ろうとするんです。残念ながら私のお尻はでかいし、くるりも太っちょ猫なので、お互

い必死。実に醜いポジション争い。そしてそれを寂しそうに見つめるぽっけ……。
「あぁ！　みんなで仲良く並んで座りたい！」そう思った私は、**座り心地や使い勝手は二の次に考え、猫と仲良く座れるソファーを購入した**のです。その甲斐あって、今では１人と２匹は仲良く並んで座っています。この原稿を書いている時もくるりくんは私の右横に眠っていて、時折いびきが聞こえます。なんて素敵なＢＧＭ。私まで眠くなってしまいそうなので、ぜひともお静かに願いたい。

そんなこんなで買った２人掛けソファーでしたが、**仕事部屋の机が細長いので案外使いやすく、結果オーライ**です。ちなみに机が細長いのは、描く作業とパソコンを使う作業のスペースを分けたかったからです。机を大きく２つに分け、右側を描くスペース、左側をパソコンスペースにしています。描く時に目の前にパソコンがあると邪魔になるので、少しでもスペースを広く取るため、分けて作業しています。２つのスペースを行き来すると見える景色が変わるので、ちょっとした気分転換にもなり気に入っています。

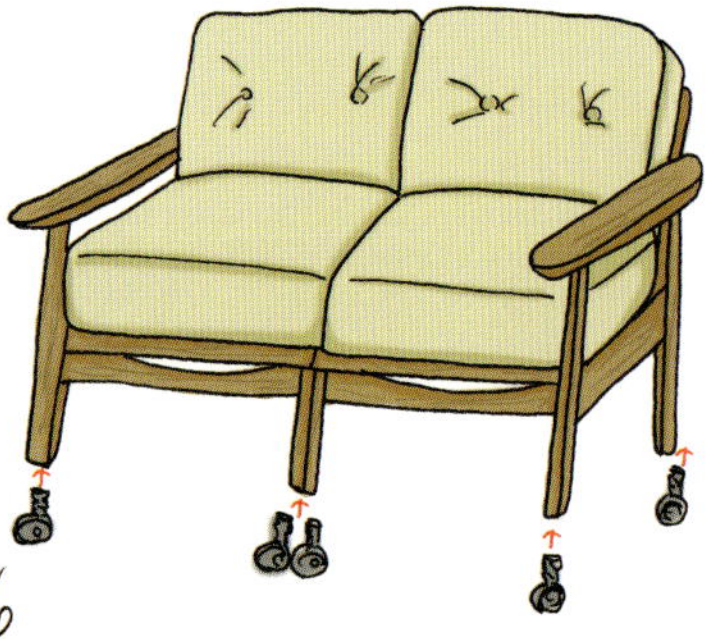

マルニ木工のもの。
すぐに解体できるので
引っ越しの時便利。
買い足せば3シーターにも
4シーターにもできる。
(もちろん1シーターにもできる。)
なんてフレキシブル!!

無理やりキャスターを取り付けているので
ちょっと(いや結構)心配。今のところ壊れてはいないけど……。

みっちり。

皆で座ると若干きつい。
やせなければ。
この椅子に座るのは
この3人(?)のみ。

ちなみに机は
こんな感じで分けてます
PC作業スペース
描く・書く
スペース

本棚

本が好き。でも「収集すべき」という義務感は持ちません

私は本が好きなのですが、蔵書はごく僅か。以前は漫画だけでも3000冊くらいは持っていました。部屋の一面を本棚代わりのカラーボックスで埋め尽くし、「ふふふ……ここは私だけの漫画喫茶だ……」なんて悦に入っていた事もありました。

しかし大学生の頃、物捨てたい病がピークに達した事があり、それまで聖域としていた本棚の中身を一気に処分したのです。身軽になりたい一心で行った事でしたが、本当に快感でした。今も思い出しては興奮する、捨てのK点越えエピソードです。

「揃えたい！」と思い、集めていたはずでしたが、本当は心のどこかで「漫画好きなら全部持っていなくては！」と義務感に襲われていて、知らず知らずのうちに、自分の中

で負担になっていたのだと思います。

それに気付いてからは、**無理に揃えることはやめるようになりました**。本当に大好きで、何度も何度も読み返してしまう本だけを手元に残し、それ以外はある程度頭に入ったら、読みたいと思っている人に譲る事にしています。また母が本好きなので、読みたい本を母の本棚から借りることもあります。

音楽を聴くのも大好きなのですが、CDは1枚も持っていません。音質にこだわらない耳なので、いつもパソコンかスマートフォンから聴いています。聴きたい曲は、いつもiTunesでダウンロードするので、iTunesで取り扱いがないとちょっと焦ります。音楽をデータでしか持っていないと、パソコンが壊れた時にとても不便ですが、それでも身軽さを優先してしまうのです。

実際に一度、音楽データが全て消えてしまった事がありました。「仕方ない。また集めよう」と気持ちを切り替えることができたので、もしまたデータが消えても。同じように思えるのではと思っています。

壁一面にカラーボックスを置いてた事もある。
フフフ……ここは私だけの漫画喫茶……
高校の頃のわたくし→
でも汚家時代の我が家は湿気が凄くてカラーボックスはすぐダメに……
裏の板は即カビる。
すぐ棚がたわむ。
何個あっても足りない湿気取り
今では本はあまり取っておかなくなりました。
わたしのウチにはなんにもない。
さすがに自分の本は捨てられないけど。

ゆるり家写真館

～仕事部屋、寝室、家族の部屋編～

仕事部屋

ソファの上に何かいます

リモコンや電話機は机の下に

ティッシュ棚(?)をなくした、現在の寝室。
詳しくは次の章で

寝室

ティッシュを置いていた、昔の寝室

次ページのコラムに
書いている
前の家の寝室。
これでも一応
パリのアパルトマンを
意識していた…

家族の部屋

母の書棚。飾っている
雑貨については後ほど…

生活感のある空間。これは母の部屋

部屋と私とおしゃれの黒歴史5

パリのアパルトマン期

偏った大人の女像を抱き背伸びしていた頃、私が憧れていたインテリアは、なんとパリジェンヌのアパルトマン。それにちょっとモロッコの要素も足しちゃうぞ！　なんて派手好きてんこ盛りインテリアによだれダラダラ。

結婚を機に家を出る予定だった私は、長年住んでいた汚家からの脱出&パリジェンヌのアパルトマン化計画を練っていました。日本人なのに。

しかしあの東日本大震災で被災。汚家と嫌っていた家も地震で失い、混乱の中、新居での新婚生活がスタートしたのです。

新居のマンションではだいぶお粗末な仕上がりでしたが、パリジェンヌのアパルトマン＋モロッコ風インテリアを楽しむ事ができました。でも結局1年経たないうちに、そのブームは終わりを迎えることに。皆で住む家が完成したからです。

新しい家では、祖母、母、夫、私の4人暮らしが始まります。祖母も母もいるのに、家がパリジェンヌ風ではさすがに申し訳ない。老若男女落ち着けるインテリアを考えたら、やはりシンプルが一番でした。

今思えば、この発想が今の家につながる大きな第一歩だったのかもしれません。

当時私は、ファッションもインテリアも人生で一番頑張っていました。特にインテリアは、コンプレックスだった汚家時代を脱出したことで、余計に張り切っていたけれど、少しずつ疲れてきていたんです。家くらいは肩の力を抜こう、素の自分に戻ってもくつろげる家にしよう、そう思ったのでした。

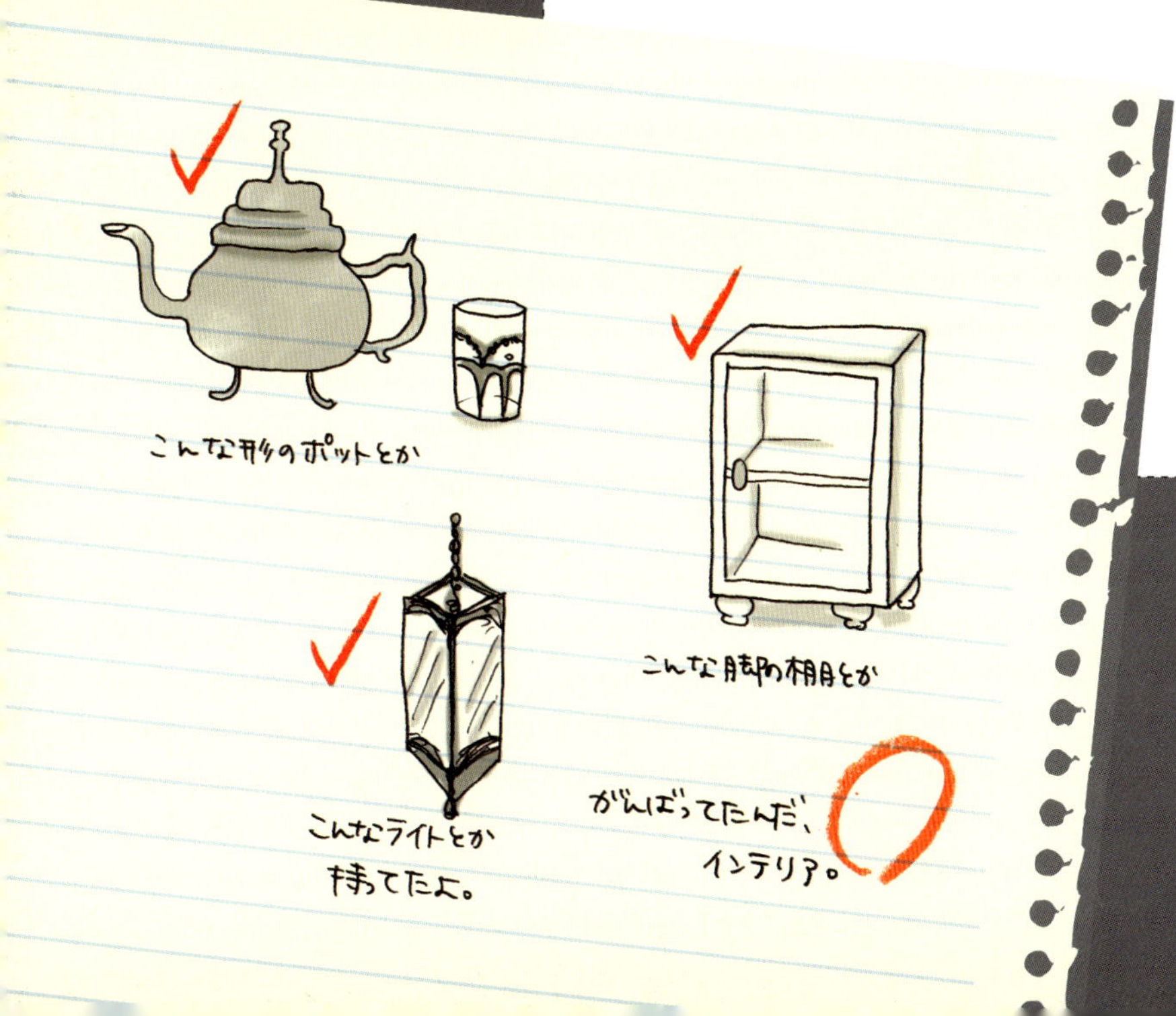
こんな形のポットとか
こんな脚の棚とか
こんなライトとか
持ってたよ。
がんばってたんだ、
インテリア。

6章

なんにもない寝室

寝室は、ゆったり眠る場所であると同時に、
人が一番無防備な場所でもあることに、
震災のとき気付きました。
我が家の寝室を一言で言うと「安心と安全」。
まるで工事現場の標語のようですが、とても大事な条件です。

寝室

いざという時、すぐに家族を守れることが肝心です

「寝室がベッドだけしか置いてなかったら、どんなに素敵だろう」…。長い間、そんな憧れを抱いていました。

しかし当時の家は狭すぎてベッドを置くスペースはなく、それはなかなか叶わない夢でした。

そうしてベッドを手に入れることができたのは、大学生の頃。汚家時代のことなので、先祖代々のたんすがひしめきあっている部屋に、無理やりベッドを押し込むようにして暮らしていました。それでも当時の私は、やっとベッドが手に入ったと、大満足だったのです。

そんな不憫な寝室ライフを経て、今の家でなんにもないを目指す暮らしを始めた時、冒頭のような思いが再燃したのです。

1つは**地震対策**。眠っている間に大きな揺れが起きた時、少しでも安全にいられるようにしたかったのです。猫も一緒に寝ているので、暗い室内でも簡単に見つけられて、すぐに避難できることが必須条件。しかし家具が多いと、パニックを起こしてその陰に隠れてしまうので、見晴らしを良くしたかったのです。

猫を愛する夫も、この考えにはすぐに賛同してくれたので、なんにもない寝室は、意外とすんなり受け入れられました。

2つめは（何度も恐縮ですが）掃除を少しでも楽にしたかったから。**寝室は埃が出やすい場所**です。毎日掃除しているのに、せっせと埃が溜まっていく。だから極力掃除は楽にしたかったんです。

余談ですが、前の家で私が生まれて初めて買ったベッドは、部屋の狭さを考慮した、収納付きベッドでした。「ベッドなのに、収納までできるって最高じゃん！」と思っていたのですが、当時の家は湿気が凄く、ベッドの下は最悪の環境。掃除も大変だったし、大失敗でした。**収納付きベッドは、空気の通りが良い部屋で、マメな人だけが使えるアイテムなんじゃないかと思います。**

我が家の今のベッドの下は、もちろん「がらーん」。脚も高いので、ベッド下の掃除がとても楽です。ティッシュすら置かないので、鼻水が出た時はちょっと面倒ですが、その時は隣の部屋に取りに行けばいいだけのこと。

以前は、寝る前にいちいちティッシュボックスを枕元に持ってきていましたが、今はそれもしません。鼻水？　出たら出たで上等よ。こちとら生きてる人間よ。鼻水ぐらい垂らしてなんぼです。あるがままの自分を受け入れる人生です。間違った方向で。でもよく考えたら、寝室は寝る場所なんだから、ごちゃごちゃと物を置かなくてもいいんですよね。睡眠に専念するなら、なんにもない空間は最適かもしれません。

ついにやったぞ
寝室にはベッドだけ!!!
ガラーーーン。
寝る時、枕元に置いていたいものは
いちいち持ち寄る。
ランプ
メガネ
コンタクト
ケータイ充電機
鼻水がたれたら
わざわざ隣の部屋まで
取りに行く。
そこまでしてでも
寝室にはベッド以外
置きたくないという
熱き想い。
たれる
たれる
ふらーし
ちなみに夫はあまり鼻水が
出ないので不便ではない
みたい。
もちろん鼻水がたれている
ところも見た事はない。
ベッドの下も見晴らしがいいので、不審者が
いてもすぐ見つかる。と思う。
まいちゃん 何やってんの?
早くそこから出てきなよ……。

寝室での過ごし方

好きな物を持ち寄って、寝る前も楽しく過ごす

私が就寝前にベッドの上でよくする事は、バッグの中身チェック。時間をかけてひたすら何かを見つめるという行為が私はたまらなく好きなんです。骨董品やフィギュアを眺めているのと同じ感覚と思っていただければ…。その横で夫はゲームか読書か、ストレッチタイム。そしてそのまま寝落ち。

私は癒しの「眺めタイム」後に必ず片付けるのですが、夫は、まどろみ始めたら絶対に動かないので、ゲーム機や本はベッド脇に放置されます。朝もそのまま出勤するため**必然的に私が片付けますが、毎日のことなので気になりません。**

1年に1回ぐらい、夫が自分で片付ける事があるのですが、その時は「まさか今日事故

「に遭うのでは…」とすごく心配になります。

私はバッグも好きですが、
バッグの中の小物も大好きなのです。
それ以外にも
バッグそのものをながめたり
お気に入りの雑貨や小物をながめたり
靴をながめたりする。
バッグの中の小物を並べて延々とながめたり磨いたりするのが好き。
バッグの中身特集の載った雑誌はついつい買っちゃう
バッグの中身公開
とにかくただただながめるのが好きな私は
寝る前にお気に入りの物を持ってきて
じーーーっと見つめています。
特に何も考えず、ながめるだけ。すごくゼイタクな時間……

部屋と私とおしゃれの黒歴史❻

なんにもない家と派手ファッション期

新たな家のインテリアのテーマが〝シンプル〟に決まり、それが〝なんにもない〟に変わるまで、時間はそうかかりませんでした。

というのも、パリジェンヌに憧れて頑張っていた時期も、根底にあるのは「物を持ちたくない」という気持ちで、基本的に家の中はがらーんとしていました。そこにぽつりぽつりと申し訳程度にパリジェンヌ風とかモロッコ風の雑貨があるんですが、それがなんだかしっくりきていなかったんです。

でも、シンプルな家を更にシンプルにするのは全く違和感がなく、より家の中が美しくなっていきました。次第にそれは快感となり、もともと捨てたい病ではあったものの、益々拍車がかかってしまいました。

すると今度は、自分のファッションにも違和感を抱くようになりました。家はシンプルなのに、洋服は派手でなんだかギラギラしている。なんだろうこのギャップは……そんな事を思うようになったのです。

そしていつしかその違和感がとても大きくなり、私はようやく「このなんにもない家が私にとって心地良い空間なら、それは私にとって、とても合っているテーマだという証拠。だったらファッションもシンプルにしてもいいんじゃないか」という事に気付いたのです。

今まで一生懸命「大人の女」を目指して背伸びをしていたけど、もう無理するのはやめよう、着ていて一番ホッとする服を着よう、そう決意しました。

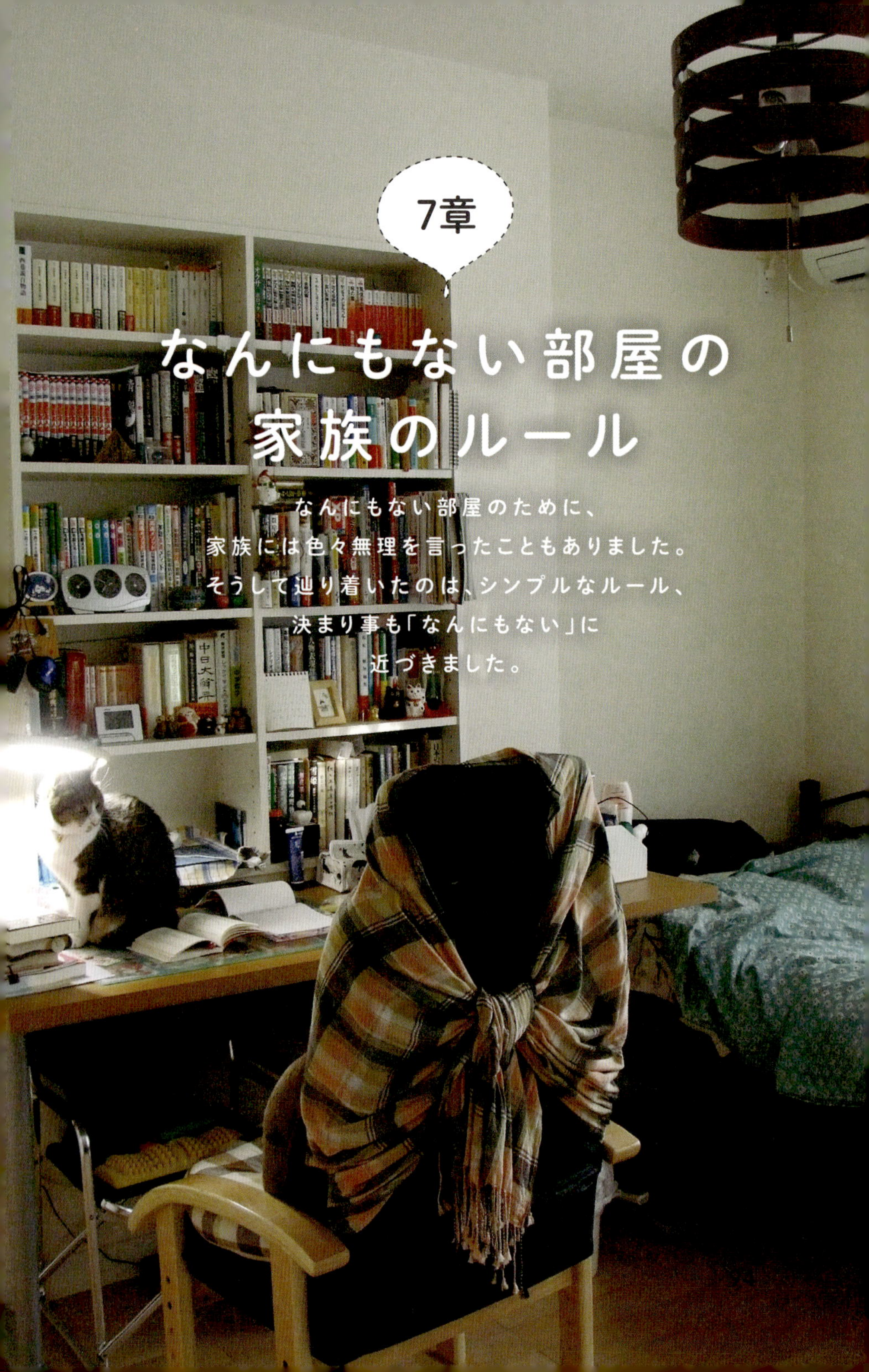

7章

なんにもない部屋の家族のルール

なんにもない部屋のために、
家族には色々無理を言ったこともありました。
そうして辿り着いたのは、シンプルなルール、
決まり事も「なんにもない」に
近づきました。

一番のルール

「がら――ん」じゃない部屋も作ります

我が家は、私だけが「物捨てたい病」で、家族はごく普通の感性を持った人たちです。むしろ掃除片付けが苦手なぐらい。私のように極端なタイプとの同居は大変だと思います（と、人ごとのように言う）。そんな私たちが一緒に暮らす時、一番最初に作ったルールは**「家族それぞれのスペースに私は一切関与しない！」**というもの。

リビング、キッチンや玄関など、皆で使うスペースはなんにもない方が片付けやすいし、意見の相違でぶつかることもないので都合がいいのですが、家中「なんにもない」にすると、私以外は息が詰まってしまうから、自分のスペースは完全自由。散らかしても良いし、飾り立てても良いし、暴れても良いし、何しても良い。としたのです。

だから我が家は、**公共スペースと私のスペースは「がらーん」としていますが、他の部屋はごく普通の空間です。**家に来た編集者の方々が家族の部屋を見て「ここはちゃんと人が生活しているんですね。良かったです」と言うくらい、ごく普通の状態です。っていうか「良かったです」ってなんだ！

母は、本に埋もれて生きていきたいと思っているくらいの本好きなので、部屋は本だらけ。雑貨、特になぜかカッパが好きで、カッパの置物があらゆる場所にあります。これをリビングに飾ろうものなら、家の風紀委員を勝手に名乗っている娘が黙ってはいませんが、自分の部屋なら飾り放題です。仕事から帰ってきたら、猫と温かい紅茶をお供に、好きな物に囲まれた部屋でのんびり読書をするのが母の楽しみです。

祖母も読書が大好き。認知症を発症していて、今は施設と自宅を行き来する生活をしていますが、家にいる時は部屋でじっくり本を読んでいます。勉強家でもあるので、調子のいい時は漢詩や英詩の読み書きもしています。

一方夫は、自分の部屋というものがありません。家の数カ所にある夫専用の収納が、彼のスペース。「自分の部屋はいらないよ。リビングも寝室も、いたいと思うところが僕の部屋になるし」。これは、家を建てる時に夫が言った言葉です。結局部屋は用意しましたが、ほとんど使っていません。なぜなら「自分で部屋を管理するのは面倒臭いから」だそう。「自分で部屋を管理するぐらいなら、掃除してもらえるリビングとか寝室でゴロゴロしていたいよ」とにこやかに言うのです。うーん、その発想はなかった。

最近では家族も自分のスペースに物を増やさなくなりました。強制はしていませんが、なんにもない暮らしに慣れ、その楽さに気付き好きになってくれたみたいです。買い物にも慎重になってきて、捨てられない&片付けられないを脱してきています。捨てたい病を発症したばかりの頃は、家族との考え方の違いに苦しんだ時もありました。それは家族も同じだったと思います。しかし、それぞれの好みや部屋に対する考えにちゃんと耳を傾けると、新たな発見や驚きがあって、生活がますます楽しく感じられるようになりました。これからも私は、物のない暮らしを追い求める予定です。でも、家族への思いやりだけは、捨てないで大事に持ち続けたいと思います。

ふくろうとカッパが好きな母

家族の考え方や生活スタイルは、日々変わっていきます。
そんな家族の変化に気付くためにも、
団らんの時間を大切にしています

部屋と私とおしゃれの黒歴史⑦

やっと辿り着いたシンプルファッション期

「着ていて一番ホッとする服を着よう」と決めた私が辿り着いたのは、無地の白いシャツでした。

　なんの飾りも付いていないけど、でもそれがなんだか心地よかったのです。無理して背伸びをしなくていい、地味なら地味でいい、そんな事を思ったら、とても肩の力が抜けて楽になったのを覚えています。

　今は、アクセサリーもメイクも無理しなくなりました。だからすごく楽です。でも決しておしゃれを怠けているわけではないんです。シンプルな装いだからこそ、アイロンは欠かせなかったり、正しい姿勢が際立ったり、素材にこだわったりと、楽しむポイントがいくつもあります。部屋も服装も、無理はしないけど楽するために頑張るところは楽しく頑張る。それが私にはしっくりくるようです。

今はシンプルな服が
好き。
楽だし。
しっくりくるから。
アウターや靴、
バッグなどの
アイテムで
地味になりすぎ
ないようメリハリを
つけることもある。

部屋が変わると
自分も変わる!
なんにもない部屋
私の5大変化

Change
1

掃除が好きになった

「汚家」に住んでいた私にとって、物に囲まれた生活は当たり前の光景でした。片付かないから、掃除する気になれない。清潔じゃないから、家も好きになれない…のバッドループ。家族仲は良かったものの、何となく空気に淀みを感じていました。

しかし高校生になった頃、突然そんな家に嫌気がさし、身の回りの物を大量に処分しました。その快感が病みつきになり、私は「捨て魔」になり、さらに物が減った状態での片付けは、たとえ散らかっても面白いほど簡単に片付けられる! そう気付いた私は、「片付け魔」にまでなってしまったのです。

そして東日本大震災を経て「なんにもない」生活に目覚めた私は、掃除までも好きになってきました。なぜなら、**物がないと本当に掃除が楽だから**。楽なことなら毎日続けられます。すると家も汚れにくくなり、ますます掃除が楽に…。そう、今では楽×楽×楽のハッピーループに！ 澄み切った空気が家を取り巻き始めています。

最初はなかなか掃除が好きになれず……。
「面倒臭い！」という気持ちが強かった。
あ——掃除嫌だな——！
でもそろそろやらないと
汚れがたまってきてやっと重い腰が上がる。
家族も掃除が苦手だった。
でも家から物が減っていくにつれてみるみる掃除が楽になっていった!!
理由
① 床に物がないと掃除機がかけやすい！
② 表に物が出ていないと、ほこりを簡単にきれいにできる！
楽だから毎日続けられる
いつの間にか掃除が好きになり清潔な空間で過ごす毎日が楽しくなった！
何気ない日常がとて——も愛おしくなったのです。
僕たちも手伝うよ！
家族も掃除に協力的に♡

Change
2
早寝早起きできるようになった

掃除の次に好きになったこと、それは「早寝早起き」でした。

私は、寝る事が大好き。でも夜更かしも好き。そして早起きが大嫌いでした。けれど、**掃除の効果で心が洗われると、「ちゃんと生きたい」という願望も生まれるように。**そうしたら、なんだか猛烈に早起きがしたくなったのです。

ずっと夜型生活だったので、最初は慣れませんでしたが、最近は少しずつスムーズに起きられるようになってきました。ベッドから降りたら、窓を開けて、新鮮な空気を肺一杯に吸い込むのがとても好きです。

この生活を始めてから、1日が何倍も長く感じられて、心にゆとりが生まれました。

自分にだけでなく、家族や周りの人にも優しくなったような…？

あまりにも気持ちがいいので、たまに朝寝坊をしてしまうと、1日がどんより暗く感じるほどです。我が家の平穏は、私の早起きにかかっているかもしれません。

超・強力な目覚まし
オレにまかせろ
ぽっけくん
夫にはやらない……
ねえ おなかすいたんだけど
起きるまで ずっと 人の顔を踏み続ける

起きたらまず窓を開けて深呼吸。
早朝の外の空気は澄んでいてとっても気持ちがいい。
目も覚めるし、家も洗われるような気がする。

でもなかなかやめられないのは寝る前のケータイいじり
ブルーライトはよくないのにー……
夜はできるだけ早く寝る。
22時までにベッドに入れたらベスト。

Change 3

姿勢が正しくなる

私の姿勢はすこぶる悪く、完璧に猫背。猫好きだから仕方がないよねと、意味不明な言い訳をしたりしてなかったりで、直そうと思った事はありませんでした。

しかし、最近になって姿勢を正そうと決意しました。なぜなら服装がシンプルになったから。家から物がなくなると、それに合わせるかのように服もシンプル化していったのです。でも、シンプルな服って難しいんですよね。姿勢が悪いと「この人はおしゃれに興味がないからこういう服を着ているんだなー」と思われてしまう（気がする）。

「違うの！あえてのシンプルなの！」という主張の鍵になるのは…。そう、正しい姿勢です。この歳になってやっと、姿勢が自分の印象を大きく左右する事に気付きました。それからというもの、家族の協力の元、姿勢を正す練習を始めた私。

方法は背筋を伸ばして散歩や家事など、日常的な行動をするだけ。それだけで、なんだか自分がちゃんとした人間に思えてくる。自信が持てるようにもなりました。

Before
そりゃあもう酷い猫背なんです、私。
肩コリ持ちで病院へ行ったら先生に怒られる。
猫背治さないと肩コリは治らないよ！
はーい
治らないよ ずっとこうだったし
でも、一向に改心せず。
が、しかーし！！「なんにもない部屋」パワーは偉大で、とうとう改心！！
After
散歩しながら「正しい姿勢で歩く自分」に酔う始末。
身も心もひきしまる。
ああ…
今の私ちゃんと生きてる……
うっとり。

Change 4

日々の動作が丁寧になる

元々私は、せっかちで慌て者。不注意からしょっちゅう物を壊してきました。性格だし、仕方がないよね～なんて思って生きてきました。しかし、「なんにもない」暮らしを目指すようになると、仕方がないよね～では済まされなくなってきました。

なぜなら物を厳選した生活をしているので、**壊してしまうととても後悔する物しか持っていないから**。とはいえ、すぐに直るわけがありません。諦めかけていた頃、ある女性に出会いました。

その人はあるお店のオーナー。厳選された物だけを置き、品物に触れるときは、そっと優しく触れる…。振る舞いひとつで物に愛情を伝えている、そんな女性でした。

それからというもの、前にも増して物の扱い方に気をつけています。つい物をポンっと投げてしまった時は、オーナーの仕草を思い出して反省。ずっと使い続けたいお気に入りの物だから、愛情一杯に使っていきたいと思っています。

今まで壊してきた物は
数知れず…
乱暴者
＼またか…／
私はとてもそそっかしく
乱暴者だ。

そんな時に出逢ったセレクトショップのオーナー
店内も厳選された
商品が並んでいて
素敵……♡
「可憐」という言葉が
似合いすぎる人……。
物を持つ手つきからして
しなやか。
なれるものなら
彼女のように
なりたいっっ
この出逢い以来、私のそそっかしさも
軽減されました。
ガンッ
トン
お気に入りの物だから
自然と丁寧に扱うように。
物に対して
無意識だったけど

Change
5

無駄遣いが減ってお金が貯まるようになる

私は物欲が非常に強いくせに、捨てたい病でもあるので、不要になったら容赦なく処分してきました。しかし徐々に物を簡単に捨てることに嫌気がさし、やっと「捨てるより長く持てる物だけを選ぶ事が大事なのでは…!?」と気付いたのです。

そうして試行錯誤の買い物を続けるうちに、好みの色や形、質感など「長く付き合える条件」が分かってきました。すると、お店やブランドも限定されてくるように。買う場所を限定すると勝手が分かってくるので、買い物の失敗も減りました。

なんにもない暮らしをする上で、物を増やすことはちょっとしたイベント。正直エネルギーも使いますが、出会った物全てに運命を感じています。

物との付き合い方を改めたら、お金との付き合い方も変わりました。本当に欲しくて必要なものにだけお金を使う。多少値が張っても、長く使うなら頑張って買います。でも、無駄な物を買わなくなったので、きちんとお金も貯まるようになりました。

ある時 ごみ袋を見て気付く。
長く持てる物だけを持つべきなのでは……
ゴミ
遅い気付き……

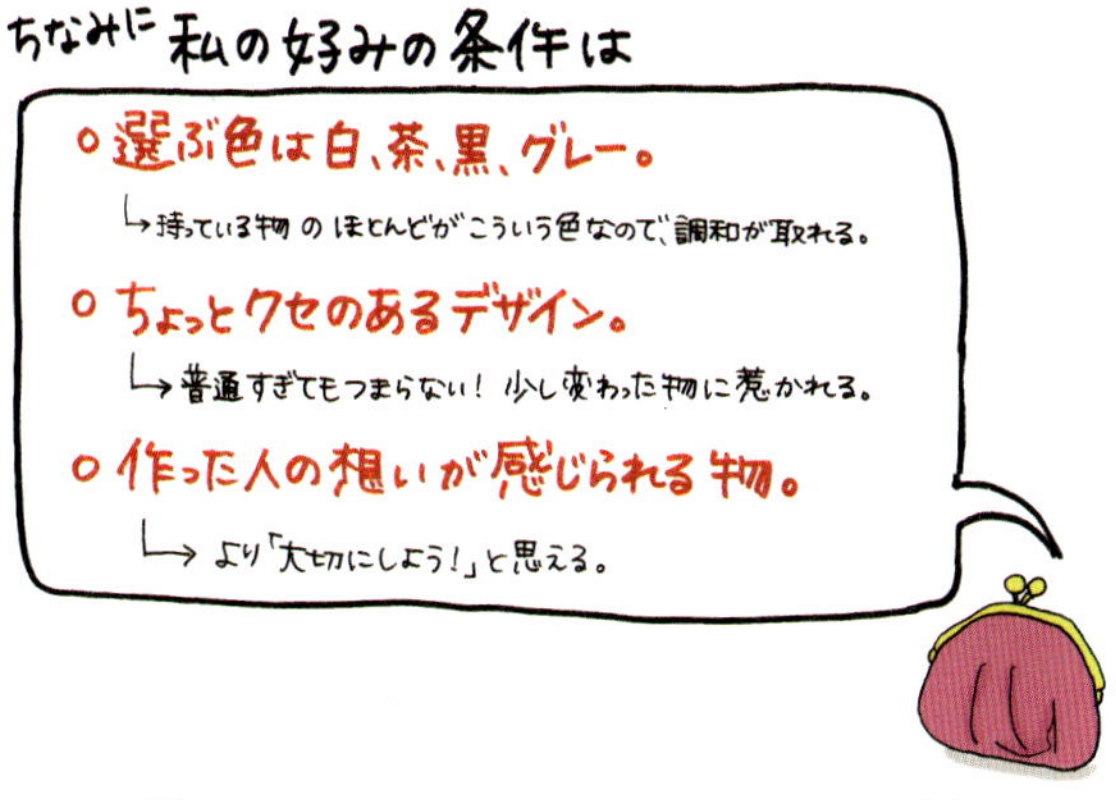
ちなみに私の好みの条件は
○選ぶ色は白、茶、黒、グレー。
↳持っている物のほとんどがこういう色なので、調和が取れる。
○ちょっとクセのあるデザイン。
↳普通すぎてもつまらない! 少し変わった物に惹かれる。
○作った人の想いが感じられる物。
↳より「大切にしよう!」と思える。

― 買い物をする時に思い浮かべる3つの質問 ―
ずっと使い続ける自信はある?
持っていてもストレスにならない?
本当に本当に本当ーーに必要? 本当はなくてもいいんじゃない?
これらの質問で少しでも迷ったら買わない。
無駄が減れば お金も貯まる!

おわりに

いかがでしたでしょうか。

今でも私の夢には、当時の家が出てきます。夢の中の私は暗くて、「あぁ、また一から捨てなければいけないのか……」と絶望しています。

完全にトラウマになってしまっているのでしょう。

でも汚家時代の経験がなければ、今の私も家族もこの家もありません。

そう思うと、あれは貴重な体験だったんだなーと思わずにいられません。

私は、今の家での生活がとても好きです。

でも、私の「なんにもない」を目指す生活はまだ始まったばかり。

きっとこれからもどんどん変化していくのだろうと思うと、とても楽しみです。

最後になりましたが、フラフープや千手観音をしに集まってくれたり、
日頃支えてくれている友人一同、捨て病の私の最も近くにいて、
一番被害を被っているだろう夫、また、
汚家時代を赤裸々に書かせてくれた母と祖母、ありがとう。
そしてそして、この本を読んでくださった全ての皆さま、
ありがとうございました。
皆さまの家が、さらに楽しく笑いに満ちたものになりますように！

ゆるりまい

ゆるりまい
仙台市生まれ。4人家族+猫3匹暮らし。
仕事のかたわら、掃除、片付け、捨て仕事に情熱を燃やす。
主な著書に『わたしのウチにはなんにもない。』1、2巻がある。

なんにもない部屋の暮らしかた

2013年12月13日　初版第1刷発行

著　者　ゆるりまい
発行者　三坂泰二
編集長　後藤 香
発行所　株式会社KADOKAWA
〒102-8177 東京都千代田区富士見町2-13-3
03-3238-8521(営業)
編集　メディアファクトリー
0570-002-001(カスタマーサポートセンター)
年末年始を除く平日10:00〜18:00まで
印刷・製本　図書印刷株式会社

ISBN　978-4-04-066136-0　C0095

http://www.kadokawa.co.jp/

Book Design　松田 剛 大朏菜穂(Tokyo 100millibar Studio)